소근소근
프로방스
이야기

남프랑스 추천 여행지 28곳

소근소근
프로방스
이야기

김정희 지음

harmonybook

 여행지를 선택할 때,

 아주 오랜 시간을 가슴에 품고 동경하던 곳을 갈 때도 있지만 의외로 쉽게 결정되는 곳도 있게 마련인데, 프로방스 여행의 시작은 후자였다.

 처음에는 오직 화가 '빈센트 반 고흐'의 팬으로 아를에서의 하룻밤만을 기대하고 갔던 곳인데, 정작 가보니 나에게도 이런 면이 있었나 싶을 정도로 화사한 부드러움을 간직한 프로방스가 취향 저격이었다. 따뜻하고 맑은 햇살은 세상을 더 없이 구석구석 밝혀주고, 미술관에서만 보던 멀고도 어려운 미술이 아닌 작가들의 삶이자 공간에서 마주하는 친근감, 그리고 제일 중요한 풍성하고 맛있는 테이블.

그래서 다시 준비하고, 몇 번을 다시 방문하다 보니, 뚜렷한 랜드마크 위주의 여행지도 아니고 그렇다고 만만한(접근성, 현지 물가 등) 곳이 아니기에 공부까지는 아니어도 여행자의 취향을 파악하고 미리 동선 등을 고려하여 선택과 집중이 중요하겠구나 싶었다. 정답은 아니겠지만 이 짧은 소개서와 같은 글이 도움이 되기를 희망해 본다. 좋은 것은 널리 함께해야 하기에….

CONTENTS

8

마르세유 Marseille

프랑스 제2의 도시이자, 지중해 최대의 항구 도시

프로방스 여행의 관문인 마르세유는 기원전 600년 그리스 이민자들에 의해 시작된 프랑스 최대 항구 도시이자, 두 번째로 큰 도시로 아주 오랜 역사가 있는 곳이다. 종종 아기자기한 프로방스 마을에 집중하고자, 또는 시간 부족의 이유로 바로 인근 엑상이나 아를로 넘어갈까를 고민하게 만드는 곳이다. 매번 고민하게 되는 프로방스 여행의 관문인 대도시 마르세유 갈까? 말까?

　　짧은 시간에 넓은 마르세유를 가늠해볼 수 있는 적합한 곳으로 가르드 언덕 위에 세워진 '바실리크 노트르담 드 라 가르드 Basilique Notre-Dame de la Garde'다. 13세기 예배당과 16세기 요새, 그리고 19세기 이프 섬과 마르세유를 방어하기 위해 제대로 된 요새를 재건하면서 이국적인 신 비잔틴 양식의 독특하고 웅장한 성당이 탄생하였다. 줄무늬 외관뿐만 아니라 화려함보다는 유쾌한 분위기의 내부 장식, 무엇보다도 마르세유를 360도 빙 둘러 조망이 가능한 랜드마크이다. 특히 막힘없이 탁 트인 곳이라 성당 입구 그늘에 앉아있으면 세상 바람이 모두 불어오듯 부는데 그 바람과 눈앞의 지중해 풍경이 그렇게 시원할 수가 없다.

　　조금 더 마르세유를 가까이에서 돌아본다면, 인근 섬으로 출발하

는 배와 고급 요트가 빼곡하게 정박된 뷰 포트 Vieux Port를 중심으로 뷰 포트 **파빌리온**과 **오페라 극장** Opera Mvnicipal을 함께 돌아보기 좋다. 거기에 산책을 더 한다면 루이 14세가 마르세유를 감시하기 위해 세운 **포트 생 장** Fort Saint-Jean과 국립 지중해 문명 박물관인 **뮤셈 박물관** MuCeM이 있다. 특히 포트 생 장에서 연결된 다리로 뮤셈에 들어가면 지중해를 마주한 테라스 카페가 있는데 느끼기에 따라 산호 속 또는 스펀지 속 같은 느낌을 준다.

마지막으로 마르세유의 포토존으로 **롱샹 궁전** Palais Longchamp를 꼽는다. 화려한 분수와 부드러운 타원형의 멋진 계단은 당장 드레스 업이라도 해야 싶다. 이 롱샹 궁전은 고질적인 물 부족 문제를 해

결하기 위해, 인근 뒤랑스 강에 수로를 건설하며 그를 기념하여 건설한 '마르세유의 물의 궁전'으로 불리는 곳이다. 건물의 양 끝으로 자연사박물관과 미술관이 있고 바로 뒤로 롱샹 공원도 있어서 관광객보다는 현지인, 특히 아이들의 교육용 방문이 많은 편이다.

마르세유를 건너뛰기로 한 그대도 이것만은!

오랜 역사의 이 도시는 1480년 프랑스에 통합되었고, 1792년 프랑스 혁명 때 마르세유 의용군들이 파리로 입성하면서 부른 노래가 지금의 프랑스 국가 '라 마르세예즈'가 되었다고 한다. 축구선수 '지네딘 지단'의 고향이자, 알렉상드르 뒤마의 '몽테크리스토 백작'의 이프 섬이 있다. 또한 태국의 똠양꿍, 중국의 삭스핀과 함께 세계 3대 스프로 불리는 '부야베스' 전통 요리가 있다.

부야베스 Bouillabaisse

원래는 어부들이 그날 잡은 생선 중 남은 생선들을 처리하기 위해서 한 번에 끓여 먹던 서민 음식이었다고 한다. 현재는 신선하고 값비싼 해산물과 고급 향신료를 사용하는 세계 3대 스프로 자리한 고급 음식이다. 맛과 가격에 있어서 호불호가 있을 수 있으니, 전체 인원으로 주문하기보다는 부야베스와 다른 메뉴를 섞어 함께 즐겨보길 추천한다. 한 그릇에 같이 담는 경우와 살만 바른 생선과 스프를 따로 내어주는 방식으로 레스토랑마다 차이가 있다.

마르세유 3대 부야베스 맛집 : 1인 55유로~

Chez FonFon / Le Miramar / Chez Madie Les Galinettes

엑상 프로방스 Aix en Provence

폴 세잔과 물의 도시로 불리는 12세기 프로방스 수도였던 유서 깊은 도시

　　마르세유에서 북쪽으로 약 30km 떨어진 12세기 프로방스의 수도이자, 프랑스에서 가장 프랑스다운 도시로 손꼽히는 예술과 지성이 숨 쉬는 학문의 중심지다. 이 도시 이름의 제일 앞에 붙은(접두어) Aix는 고대 라틴어로 아쿠아(Aqua)라는 뜻으로, 프로방스 여느 도시보다 물이 풍부해 물의 도시라고도 불리며 시내에는 직접 세어보지는 않았지만 크고 작은 분수가 약 100개 정도 있다고 한다. 구시가지

를 도보로 충분히 거닐어 볼 수 있는 너무 작지도 크지도 않은 규모의 도시로 매일 꽃과 식료품 시장이 열리고, 그라네 미술관과 코몽 아트 센터같이 문화적인 인프라도 가지고 있어서 인근 지역을 함께 돌아 보는데 중심이 될 수 있는 거점 도시로도 손색이 없다.

엑상 구시가지의 중심은 1860년부터 시원스러운 물줄기를 뿜어내고 있는 로통드 분수에서 1649년 마차가 다닐 수 있도록 만들어진 미라보 거리를 따라 이어진다. 거리 양옆으로 수려하게 늘어선 17~18세기 건물과 플라타너스 가로수가 현재에도 이렇게 이질감이 없다는 게 신기할 정도이고, 널찍한 미라보 거리와 곳곳에 크고 작은 분수로 인하여 특유의 여유로운 분위기를 뽐내는 사랑스러운 도시다. 거기에 매년 6월 말부터 약 한 달 동안 도심 곳곳에서 펼쳐지는 '오페라 페스티벌 Festival d'Aix-en-Provence'는 70년이 넘는 전통을 자랑하는 축제로 긴 여름밤을 더욱 풍성하게 해준다.

또한 엑상은 근대 회화의 아버지, 후기 인상주의의 대표 화가인 '폴 세잔 Paul Cezanne(1839-1906)'의 고향이자 삶과 예술의 전부인 곳이라 할 수 있다. 세잔이 태어난 생가와 소설가 에밀 졸라와 함께 다녔던 학교와 카페, 파리에서 돌아와 폐렴으로 생을 마감하기 전까지 작품에 매진했던 아틀리에와 장례식이 치러졌던 생 소뵈르 성당 그리고 세잔의 분신이라고 할 수 있는 '생 빅투아르'산까지. 폴 세잔

을 좋아하는 여행자에게는 그야말로 꿈의 도시가 아닐까 한다. 좋아하지 않는 여행자라도 걱정할 필요는 전혀 없다. 엑상에는 폴 세잔만있는 건 아니니깐, 그래도 그곳이 간직하고 있는 이야기를 알고 보면좀 더 진한 여운으로 남는 게 여행이 아닐까 한다. 그런 의미로 엑상을 방문하기 전 기회가 된다면 영화 '나의 위대한 친구, 세잔'을 추천한다. 영화는 파리 시절의 일부를 제외하고 쉽게 접근이 어려운 생 빅투아르 산속과 엑상 시내 곳곳을 착실하게 보여주고 있다

　프로방스 여행은 이동하는 일정이 아니라면, 생각보다 아침이 느긋하게 시작된다. 여유로운 아침 시장으로 산책은 어떤가요? 가볍게

아침을 먹고, 오전 10시 전후가 좋겠다. 혹여 일찍 나왔다면 세잔이
어릴 적 자주 놀았다고 영화에도 나오고, 구시가지 많은 분수 중에
서 제법 그림까지 잘 나오는 'Place d'Albertas' 작은 광장과 분수에
서 사진 한 장을 찍거나 (작은 광장이지만 종일 사람이 넘쳐나서 사
진 찍을 기회가 쉽지 않은 곳이기에…) 세잔의 장례식으로 유명해졌
지만 11세기부터 16세기까지 지어진 탓에 문, 벽, 조각상 등이 각기
다른 건축양식으로 이루어진 '생 소뵈르 성당'을 먼저 들리는 순서도
좋다. 아침 시장은 여행자 대상이라기보다는 현지인들의 푸드 시장
에 가깝기에 점심이나 저녁에 먹을 식자재를 사거나, 예쁘다고 표현
하기에 그렇지만 정말 보기만 해도 예쁜 선명한 색색의 과일과 야채
를 구경하고, 2박이라도 한다면 작은 꽃다발을 사보는 것도 좋다. 방

안에 들인 몇 송이의 꽃이 나는 지금 프로방스에 있다는 걸 계속 상기시켜줄 것이기 때문이다.

적당히 활기찬 시장 구경을 마치고 나면, 딱 브런치 시간이다. 이럴 때 제격인 프로방스적인 브런치 카페가 있다. 바로 코몽 아트센터라는 미술관 1층에 있는 Café Caumont 이다. 미술관에 관심이 없다고 해도 이곳의 분위기는 놓치기 아쉽다. 사람 좋은 안주인이 잘 가꾼 중세 유럽 저택 응접실에서의 브런치가 이렇지 않았을까? 행복한 상상이 펼쳐지는 곳이다. 부담스럽지 않은 규모이면서도 적당히 기분 좋은 무게감을 가지고 있는 코몽 아트센터는 18세기 건축 양식과 멋들어진 고가구로 이루어진 인테리어와 더욱 그와 어울리는 전시가 열리는 미술관으로 조금이라도 여유가 있는 엑상 여행이라면 빠질 수 없는 곳으로 생각한다.

미술관 이야기의 연장으로 엑상에는 귀한 미술관이 하나 더 있는데, 바로 '그라네 미술관 Musee Granet'이다. 본관과 별관 등으로 이루어진 작지 않은 규모의 미술관이지만 많이 붐비지 않게 둘러볼 수 있는 숨은 보석 같은 미술관이다. 세잔의 제법 많은 작품을 소장하고 있으며, 렘브란트의 말년 자화상까지 감상해볼 수 있다.

엑상의 세잔 관련 관광지 중 시내에서 비교적 접근하기 쉽고 많은 사람이 찾는 레 로브 언덕에 있는 '세잔의 아틀리에'가 있다. 세잔이 죽기 전까지 사용하고 직접 설계했다는 큰 창이 매력적인 2층 아틀리에가 소박한 작은 공간이라 온라인 방문 예약을 해야 한다. 잠시 붓을 놓고 점심이라고 갔을까 싶을 정도로 생전의 그의 외투, 모자 등 각종 소품이 그대로 남아있는 사랑스러운 곳이라, 그대로 떠나기가 아쉬워서 시원한 나무 그늘의 정원에 앉아 그가 돌아오길 기다려 본다. 세잔이 금세 돌아오지 않는다면, 80여 점을 넘게 그리며 그의 분신이라고 할 수 있는 생 빅투아르 산을 조망할 수 있는 '화가들의 테라스로 직접 찾으러 가보는 건 어떨까? 주차장도 없이 작은 길을 올라 '생 빅투아르'산을 바라보면 바로 옆에서 덥수룩한 수염의 세잔이 무심히 작업할 것만 같아 괜히 두근두근 떨리기까지 한다. 너무 감성적이라

고? 그럴지도 모르겠다. 그래도 이곳에서 바라본 산은 꽤 인상적이었
고, 그 이후 '생 빅투아르'는 나의 산도 되었다. 좀 더 '생 빅투아르'를
가까이 보고 싶다면 세잔이 이젤을 짊어지고 거의 매일같이 걸었다
는 톨로네 Le Tholonet에 이르는 D17번 도로의 드라이브를 추천한
다. 역동적인 풍경은 아니지만 소박하면서도 목가적인 멋진 길이다.
그리고 가까운 미라보 거리에 에밀 졸라와 자주 들렸다는 단골 카페
'레 데 가르송 Les Deux Garcons'이 있다. 안타깝지만 가르송 카페
는 현재 화재로 인한 리노베이션 중이다. 곧 오픈은 하겠지만 겹겹이
누적된 시간의 향기와 분위기에 어쩔 수 없이 생기는 균열은 아쉽다.
  그 외 세잔의 생가 '자 드 부팡 Jas de Bouffan'과 '비베무스 채석
장 Bibemus Quarry'은 미리 신청하는 가이드 투어를 통하여 방문
할 수가 있다.

'나의 유일한 스승, 세잔은 우리 모두에게 있어 아버지와 같은 존재였다' - 파블로 피카소

세잔을 닮은 엑상도 프로방스 여행에 중심이 되는 아버지와 같은 도시라면 어떨까?

아를 Arles

그때처럼 별이 빛나는 밤은 아니지만, 고흐의 도시

처음 남프랑스 여행 계획을 세울 때 원하는 조건이 하나 있었다. 빈센트 반 고흐의 '론강의 별이 빛나는 밤'을 보고 싶은 마음으로 아를에서의 하룻밤이었다. 좁다면, 좁은 아를이고 준비할수록 가고 싶은 곳이 많아지는 한정된 여행 일정에서 어느 곳에서 숙박할 것인가는 제법 큰 비중을 차지하는데 그런데도 꼭 아를에서는 밤을 보내고 싶었다.

세계적으로 빈센트 반 고흐를 싫어하는 사람은 그리 많지 않을 것 같다. 평생 겨우 1점밖에 팔지 못했던 비운의 천재 화가, 동생 테오와의 끈끈한 이야기, 자신의 귀를 자르기도 하고, 타살 논란이 분분하지만, 자살로 생을 마감한 안타깝고도 드라마틱한 삶의 빈센트 반 고흐.

네덜란드 출생인 그는 파리에서의 약 2년을 지내고 1888년 2월 프로방스 눈부신 햇살을 따라 아를로 내려와서, 1년여 동안 약 200여 점의 작품을 남기며 그 어느 때보다 활발할 작품 활동을 한 곳으로 인근 생 레미 드 프로방스 시절과 함께 2년 남짓한 프로방스 시절의 작품들이 우리가 그토록 열광하는 빈센트 반 고흐의 찬란한 시절이 아닐까 한다.

고갱과의 이야기가 있는 그의 노란 집은 지금은 남아있지 않지만, 론 강을 바라보며 '론 강의 별이 빛나는 밤'을 떠올리고 '밤의 카페 테라스'에서 압생트 대신 커피 한잔을 마시다 보면 그때의 그와 조우할 수도 있지 않을까? '미드나잇 인 파리'가 아닌 '미드나잇 인 아를' 버전으로 말이다.

하지만, 아를 = 고흐라는 생각만으로 보기에는 이 도시는 2,000년이 넘는 역사와 예술이 공존하는 곳이다.

  론 강 하류에 있는 아를은 기원전 2세기 로마군의 기지가 세워졌으며, 기원전 103년 당시 로마의 집정관 마리우스에 의해 지중해와 연결되는 운하가 건설되면서 본격적으로 발전했다. 이후 8~13세기 프랑스 남부에 있는 모든 왕국의 수도였으나, 론 강 하구가 토사의 퇴적으로 메워지자 16세기경부터는 상권이 마르세유로 옮겨간 역사를 가지고 있다. 기원전 100여 년 전 세워진 2만여 명을 수용할 수 있는 높이 21m에 다다르는 원형경기장은 로마의 콜로세움과 비교하여 규모는 작지만, 원형이 거의 보존돼 있어 근처 원형 극장, 목욕탕과 함께 1981년 유네스코 세계문화유산에 등재된 유적지이자, 아직도 매년(4월, 9월) 투우 축제가 열리고 있는 살아있는 공간이다.

  원형경기장에 올라가 론 강과 아를의 전경을 보고 있자니, 저 아래 유난히도 좁은 골목골목을 무작정 걷고 싶어졌다. 고흐도 거닐었을 골목들을…. 하지만 아를의 골목은 마냥 아기자기 예쁜 모습이 아니다. 조금은 썰렁하고 보이지 않는 끝이 주는 불안감을 가지고 있는 코너가 많아서 살짝 가도 될까? 하는 발걸음이 조심스러워지는 부분도 분명 있다. 그러다 어느 길에서 그를 만났다.

흰 수염이 멋진 우체부 할아버지.

무거운 우편 가방을 메고 사람 좋은 미소로 잠시 숨을 고르고 있던 그를 보는 순간, 고흐의 친구였던 우체부 룰랭을 만난 것 마냥 기분이 좋아졌다. 마음속으로 '반가워요. 룰랭' '고마워요 룰랭' 인사까지 해본다. 근데 이 느낌은 나만의 감정은 아니었나 보다, 그를 둘러싼 사람들이 생긴 걸 보면 말이다.

걷다 보면 어느새 리퍼블릭 광장까지 발걸음이 이어지게 되는데

위화감 없이 적당하게 소박한 광장은 중앙 기념비를 중심으로 수도원과 로마네스크 양식의 시청사 그리고 입구에 새겨진 '최후의 심판'이 독특한 생 트로핌 성당 등으로 감싼 아를의 중심이다. 타이밍이 좋으면 광장 어디선가에서 아코디언이나 기타 연주를 들을 수도 있는데 이때 조심해야 한다. 잘못하면 그 분위기에 자리를 벗어날 수 없는 늪에 빠질 수 있으니 말이다.

지도를 보지 않아도, 사람들의 움직임과 바닥에 박힌 고흐의 표식을 따라가다 보면 포럼 광장의 '밤의 카페 테라스'에 홀리듯 서 있게 된다. 온통 노란색으로 감싼 카페는 앉아있는 손님보다 밖에서 사진을 찍는 사람의 수가 수배는 많다. 가격과 맛, 친절 그 어느 것도 좋은 평보다 아쉬운 평이 많은 곳이니 일단 사진 한 장 찍고 밤에 다시 방문하기로 한다.

아를에 머물 당시 고흐의 불안정한 마음을 더욱 불안하게 보았던 마을 사람들이 많아서, 어쩔 수 없이 그는 시내에 있던 병원을 자주 찾았다고 한다. 지금은 문화센터로 사용되고 있으며, 역시 노란색의 ㅁ자 회랑 구조의 건물 안쪽은 꽃과 사람들로 가득하다. 그가 여기에서 내려다본 모습이 지금처럼 화사하지 않았을 생각에 왠지 쓸쓸한 마음마저 드는 곳인데, 이제라도 그를 찾아 이렇게 많이 찾고 있으니 행복한 사람이겠구나 하며 미소를 지어 본다. 그리고는 입구에 있던

아이스크림 집에서 시원하고 아이스크림까지 입에 넣어주면 행여 남은 쓸쓸함마저 저멀리 날아가게 된다.

아를의 밤을 기다리며 돌아보기 좋을 곳으로 'Fondation Vincent van Gogh Arles'와 Musee Reattu가 있다. 고흐 재단은 미술관의 성격보다는 그에게 영향을 받은 현대미술 작가들의 지원사업과 작품이 주로 전시되고 있다. 물론 기획전의 형태로 몇 점의 고흐 작품도 소개되고 있으니 시간만 허락한다면 방문을 추천한다. 대신 시간제한에 둘 중 하나를 선택해야 한다면 Musee Reattu에 손을 들어주고 싶다. 아를 출신의 화가이자 미술품 수집가인 자크 레아튀(Jacques

Reattu)가 수십 년 동안 약 4,000여 점의 작품을 모아 만든 곳으로 번갈아 전시되는 다양한 전시도 좋지만, 론 강을 옆에 두고 있는 중세 건물 자체 분위기까지 더해져서 가볍게 방문하기에 좋다.

 기다리고 기다리던 밤이 왔다. 여행가서 밤을 기다리기도 흔하지 않은데 말이다. 냉큼 달려간 고흐 카페는 더욱더 노랗게 변했다. 고흐의 그림에서처럼 어두운 거리를 비추는 그 노란 불빛. 조금은 몽환적인 그 빛 가운데에 앉아있으면 나를 그때의 그 시간으로 데려가 줄 것 같은 생각이 든다. 고흐와 고갱 사이에 앉아서 고흐의 편을 들어 줘야지~ 하면서 말이다. 어둠이 조금 더 깊어지면 론 강변으로 가야 한다. 지금의 강변은 시설 정비가 너무 잘 되어 있고 나룻배도 없지만, 이곳 어딘가에 고흐의 시선이 닿고, 손길이 닿았을 곳을 상상하다보면, 내 마음속에는 이미 가로등과 별빛이 총총 빛나고 있다.

생 레미 드 프로방스 Saint Remy de Provence
고흐의 정신병원, 생 폴 드 모솔 수도원

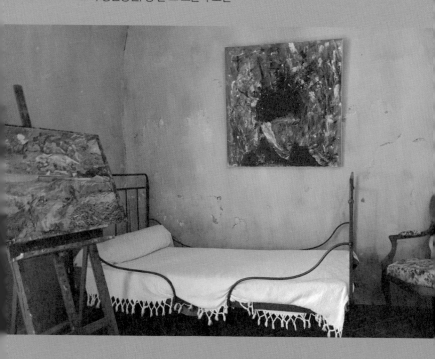

아를과 아비뇽 사이, 아를에 조금 더 가까운 함께 방문하기 좋은 두 마을이다. 이름도 비슷한 생레미 드 프로방스와 레 보 드 프로방스이다. 각각의 마을 모두 매력이 있어서 반나절 이상의 시간도 부족하겠지만 모든 여행자의 가장 큰 문제는 시간이기에 선택과 집중을 한다면 '고흐의 정신병원'과 '빛의 채석장'이 아닐까?

 생 레미 드 프로방스에는 '생 폴 드 모솔 수도원 Saint Paul de Mausole' 일명 고흐의 정신병원이 있다. 아를에서 고갱과 함께 머물던 고흐가 다툼 끝에 자신의 귀를 자른 사건 후 약 15개월 동안 치료를 받던 수도원의 요양 시설인 정신병원이다. 한적한 시골길에서 작은 오솔길로 이어지는 입구마저 고흐를 닮은 느낌이다. 이 고요하고도 한적한 곳에서 그는 어떤 마음으로 '별이 빛나는 밤', '꽃피는 아몬드 나무' 등 드로잉 100여 점, 유화 143여 점을 탄생시켰을까? 2층에 있는 고흐의 작은 방과 잘 가꿔놓은 정원 사이를 걷다 보면, 저기 아몬드 나무 또는 저기 사이프러스 나무 사이를 빠른 걸음으로 고흐가 지나가는 듯하다. 비교적 최근에 개봉한 영화 '고흐, 영원의 문에서'의 촬영지이기도 하며, 고흐 팬이라면 프로방스 여행에서 절대 빠질 수 없는 곳인데 팬이 아니더라도 추천 두 번 해본다.

레 보 드 프로방스 Les Baux de Provence

채석장에서 펼쳐지는 빛의 캔버스

　레 보 드 프로방스는 산 위에 자리 잡은 역사 깊은 마을 자체와 산에서 즐기는 액티비티로도 유명하지만, 여행자에게 1순위는 빛의 채석장 Carrieres de Lumieres 이다. 1935년 폐쇄된 채석장을 1959년 영화 '오르페우스의 유언'을 상영하면서 활용하기 시작했고, 현재는 약 100여 개의 빔프로젝트가 채석장의 벽, 바닥, 천장을 스크린 삼아 매년 선정된 작가의 작품들로 빛의 전시회를 하고 있다. 2019년 고흐 편이 엄청난 성공을 거두면서 예약 필수가 되었다. 예약의 불편함은 있지만, 적당한 인원 관리가 이루어지다 보니 예전보다 쾌적한 관람이 가능하다. 또한 후레쉬만 켜지 않으면 사진, 동영상 촬영 모두 가능하고 2020년에는 살바도르 달리 & 안토니 가우디의 건축 편이 상영 중이다. 우리의 제주에 있는 '빛의 벙커'가 이곳 프랑스 미디어 아트와 제휴를 통해 2018년 오픈한 곳이다.

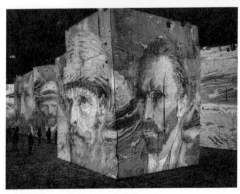

아비뇽 Avignon

교황청과 페스티벌이 있는 볼수록 매력적인 도시

아비뇽의 첫인상은 특별할 게 없었다. 적어도 내게는 말이다. 주차를 위해 뱅글뱅글 돌아보는 도심은 그냥 이대로 다른 곳으로 이동해도 아쉬움이 없을 것 같은, 바로 옆에 론 강이 든든하게 있는데도 메마른 느낌이랄까? 그렇게 별 기대 없이 터덜터덜 시작한 아비뇽 산책은 하늘 끝을 향해 올라간 너무나도 크고 단단한 벽을 마주하는 순간 이곳이 궁금해졌다. 절대 무너지거나, 어느 방향이든 절대적인 틈이

없는 말 그대로 벽이 궁금해졌다.

   아비뇽 유수의 아비뇽이 여기인지는 교황청을 마주하고서야 얼핏 기억이 났다. 아비뇽 유수는 처음부터 따지자면 십자군 전쟁부터 시작하니, 앞을 다 패스하고 결국은 중세 교황권과 황제권의 힘겨루기로 인해 1309년부터 1377년까지 7대에 걸친 교황이 지금 우리가 알고 있는 바티칸이 아닌 아비뇽에 머물게 된 사건이다. 처음 외관만 봤을 때는 14세기 고딕 양식의 높이 50m, 두께 4m의 거대한 석조 건물이 주는 중압감에 교황의 유배지만 같고, 슬픈 느낌이었다. 하지만 들여다본 교황청은 건물 자체가 주는 황량함은 여전하지만, 중간중간 남은 프레스코화가 화려함을 짐작하게 한다. 또한 지금은 아비뇽 페스티벌 및 여름 뤼미에르 축제 등의 중심 무대로 아비뇽의 메인 랜

드마크로 자리하고 있다.

　교황청 건물 바로 옆에 교황청의 부속인 듯 비슷하면서도 어딘가 다른 느낌의 건물이 하나 있는데, 12세기 로마네스크 양식의 아비뇽 대성당이다. 주위가 그래서일까? 탑 꼭대기에 황금으로 도금한 성모상이 유난히 도드라져 보인다. 대성당 옆으로 난 길을 따라 공원으로 올라가면 아비뇽 시내를 포함한 푸른 론 강과 그 위를 뚝 잘린 채 무심히 뻗어 나가 있는 아비뇽 다리를 볼 수 있는 전망대가 있다.

　론 강의 위태로운 다리는 일명 끊어진 다리로 불리는 '성 베네제교'로 12세기 무렵 양치기 소년 베네제(Benezet)가 다리를 지으라는 신의 계시를 듣고 혼자서 돌을 쌓아 짓기 시작하여 결국 사람들과 합심

해서 완성한 다리라는 이야기가 전해온다. 원래는 아비뇽과 빌뇌브데 자비뇽(론강 건너편의 도시)까지 이어주던 22개 교각으로 이루어진 긴 12세기 석조 다리였다가, 중간중간 론강의 범람으로 훼손과 보수를 반복하다가 17세기 말 큰 홍수로 인해 대부분의 교각이 떠내려가면서 지금은 4개의 교각과 생 베네제를 기리는 예배당만 남아 있다. 다리 위로 직접 올라가 론 강의 바람을 그대로 맞아볼 수도 있다. 조금 더 끊어진 다리를 생경하게 찍고 싶다면 아비뇽 대성당 위쪽의 공원 전망대나 강 건너편의 공원 주차장을 추천한다.

아비뇽의 특별할 게 없을 것 같았던 첫인상이 바뀐 이유 중 하나는 '샤토뇌프 뒤 파프'라는 와인이자, 마을이다. 아비뇽 인근의 이 마을은 교황청의 여름 별장을 이곳에 지으면서 '교황의 새로운 성'이란 의미로 붙여졌다고 한다. 프로방스에서 가장 좋은 포도밭을 가지고 있는 마을로 아비뇽을 가로질러 지중해로 흘러 들어가는 론 강을 따라 알프스산맥에서 유입된 돌들이 퇴적되어 포도밭이 생성되었기 때문이다. 하지만 이곳 와인이 처음부터 훌륭하고 유명했던 건 아니었다고 한다. 대부분 지역 내 소비용이었기에 맛이 다소 거칠고 부족했다고 한다. 당시 교황을 위한 와인을 만들어야 하는데 지역 포도의 품질이 그다지 좋지 않았기 때문에 자구책으로 13가지의 포도 품종을 블렌딩하여 만들기 시작했고 이를 교황의 와인이라 불리기 시작하면서 현재까지 이어지고 있다. '교황의 와인'이라는 타이틀과 13가지의

품종의 블랜딩이라는 마케팅의 효과일까? 만화이지만 세계적인 영
향력을 가지고 있는 일본의 '신의 물방울'에 소개되면서 인지도가 상
승하고, '화합'을 의미하는 자리에서 많이 찾는 와인으로 자리를 잡았
다고 한다. 여행자 입장에서는 큰 의미보다는 지금은 흔적이 거의 남
아 있지 않지만, 교황의 여름 별장 아래 전망 좋은 레스토랑에서 가볍
게 즐겨보는 정도로도 충분히 멋진 경험이 될 것이다. 여건상 샤토뇌
프 뒤 파프까지 방문이 어렵다면 교황청 내 샵에서도 판매하고 있다.

　다른 이유는 아비뇽 페스티벌 Avignon Festival이다. 매년 7월 초
부터 약 3주간 진행하는 이 축제는 차분한 분위기의 아비뇽을 들썩

이게 하는 세계적인 축제이다. 지역민에게도 양질의 문화생활을 제공한다는 프로젝트의 일환으로 1947년 9월 연출가이자 배우인 장 빌라드(Jean Vilar)가 아비뇽 교황청 안뜰 야외무대에서 셰익스피어의 '리처드 2세', 모리스 크라벨의 '한낮의 테라스', 폴 클로델의 '토비와 사라이야기'까지 연극 세 편을 공연하면서 시작해서 불과 5년 만인 1951년 축제에는 1만여 명이 참여하는 국제적인 연극제로 발전했다. 이후 1960년대 중반부터는 연극이라는 장르를 넘어 춤, 뮤지컬, 현대음악 등으로 영역을 확대하고 최근에는 시, 미술, 영화, 비디오아트 등을 아우르는 종합 예술 축제로 발돋움했다. 엄격한 심사를 통해 선정된 작품들을 교황청 안뜰과 유서 깊은 시내 공연장과 야외무대에서 선보이는 공식(In) 페스티벌과 거리, 학교, 카페, 광장 등 도심 곳곳에서 자유롭게 비공식(Off) 페스티벌로 구성되어 있다. 실제 축제 기간에는 공식과 비공식의 경계가 의미 없을 정도로 10만여 명의 관람객들과 축제 기간 중 방문하는 관광객 수 50만 명에 이르는 말 그대로 들썩들썩 신나는 페스티벌로 도시 전체가 축제장이 된다. 더할 나위 없이 좋은 날 눈과 마음이 즐거워지는 아비뇽의 거리거리가 사랑스러워지는 시간으로 7월에 아비뇽에 방문해야 할 이유이기도 하다.

퐁 뒤 가르 Pont du Gard
가르동 강을 가로지르는 로마의 수도교

아비뇽에서 왼쪽으로 근교에 다녀올 수 있는 세계문화유산이자 유원지라고 할 수 있는 곳이다. 가르동 강에 기원전 19년경, 약 50km 떨어진 님(Nimes)이라는 도시를 위해서 세워진 수도교로 최근 '파리로 가는 길' 등 많은 영화의 배경으로도 소개되는 높이 49m에 이르는 현존하는 수도교 중 가장 높고, 잘 보존되어 있다. 하지만 시간이 부족하다면 추천하기가 조금 애매한 곳이기도 하다. 여기는 유적 관광지라는 포인트보다 현지인들의 나들이와 액티비티로 더욱 사랑하는 곳이라고 생각한다. 그런데도 시간을 내어 방문을 고민하게 되는 곳임은 분명하다.

릴리 슈흐 라 쏘흐그 L'Isle Sur la Sorgue
지갑을 조심해야 하는 골동품과 강의 도시

이름도 복잡한 이곳은 아비뇽에서 오른쪽인 고르드 쪽으로 가까운 인근 마을이다. 쏘흐그강 아래쪽에 형성된 마을로 상류 쪽의 '퐁텐 드 보쿌리즈'보다 훨씬 규모가 크고, 잘 가꾼 도시다. 특히 이 작은 도시에 골동품과 인테리어 관련된 매장이 300개가 넘는다고 하니, 골동품에 관심 있는 사람이 방문한다면 헤어나오지 못할 개미지옥을 경험 할 수도 있고, 큰 관심은 없는 사람마저도 나에게 이런 면이 있었

을까? 하는 새로운 자아를 발견하는 날이 될 수도 있다. 개인적인 취향은 작은 공원 같은 퐁텐 쪽이 더 좋지만, 퐁텐과 릴리를 방문할 수 있는 날이 일요일이면 무조건 '릴리 슈르 라 쏘흐그'에 한 손이 아닌 두 손을 다 들어주고 싶다. 특히 일요일 오전이면 유럽 3대 엔틱 마켓으로 마을 전체에 벼룩시장이 짠~ 하니 펼쳐지니 무조건 릴리로 가야 한다. 프로방스에서는 크고 작은 시장이 많이 있는데 그 중 으뜸이라고 할 수 있다.

퐁텐 드 보클뤼즈 Fontaine de Vaucluse

초록 수초와 얼음 같은 강물이 반짝이는 마을

정말 입에 안 붙고 길고 어려운 이름이다. 프로방스 마을 중에서 화가나 작가들의 이야기가 엮이지 않은 곳을 찾기도 쉽지 않은데, 이곳은 그런 이야기가 없어도 추천하는 작은 마을이다.

몇 해 전 '내 친구의 집은 어디인가?'라는 프로그램에서도 잠시 소개되었던 보기만 해도 시원하고, 요정이 살고 있을 것 같은 작은 마

을 '퐁텐 드 보클뤼즈'

마을 입구가 보이기도 전부터 쏘흐그강의 시원한 물소리가 들리면 거의 다 도착한 게 맞다. 마을 입구에 도착하면 제법 넓고 많은 수량의 강에 놀라고 그 강바닥의 초록 초록한 수초들이 주는 시각적인 시원함에 놀라게 된다.

강변으로는 노천 레스토랑들이 줄지어 있어, 이 지역의 송어 요리를 자랑한다. 더위에 강변 카페의 유혹이 거세지만, 이곳의 메인은 마을을 조금 거슬러 올라가서 강에 직접 발을 담가봐야 한다.

입구에서 한 10여 분을 올라가면 양옆으로 나무들이 그늘을 촘촘하게 만들어줘서 덥지 않게 산책을 즐길 수도 있다. 슬슬 내려갈 곳을 찾아볼까? 번거롭지만 직접 발을 담가보면, 세상 이렇게 차가울 수가 없다. 정말 1분도 견디기 힘들다.

올라가다 보면 유원지처럼 테이블도 있고, 일반 관광객들보다 현지인들이 피크닉 장소로 많이 찾는 곳이다. 산 아래로 계속 올라가다 보면 강의 근원지인 샘을 볼 수 있다는데, 찾아보고 들어본 결과 굳이 올라가지 않아도 될 것 같다는 결론을 냈다. 그 시간에 좀 더 이 푸른 차가움을 느끼고 싶다.

고르드 Gordes

프로방스 대표 아름다운 산간 마을

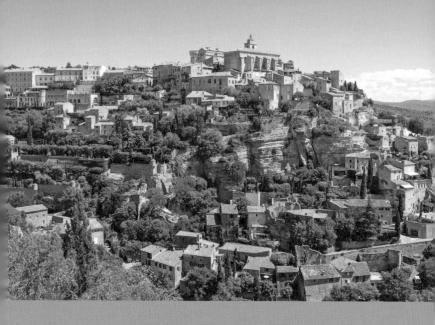

매년 프랑스의 아름다운 마을에 선정되고 있는 곳으로 비슷비슷한 산 위 중세 마을 중에서 최고의 전경을 자랑하는 곳으로 추천한다. 개인적으로는 마을 안쪽 골목들보다는 마을에서 멀리 내려다보는 뷰 또는 반대로 건너편에서 마을 전경을 봤을 때 전경이 고르드 여행의 메인이라 할 만큼 멋지다. 이 말은 시간이 부족하다면 뷰 포인트로 고르드 여행을 마무리해도 아쉽지 않을 거란 뜻과 같다. 물론 시간 여유

가 있다면, 차곡차곡 쌓아 올린 돌로 이루어진 아기자기한 상품들과 무심히 그 골목 한편을 차지하고 있는 테이블에 혹하면서 골목 산책으로도 좋다. 성벽을 따라 걷다 보면 밖으로 시원스러운 뷰를 자랑하는 너른 평야도 멋지고 말이다. 대신 이 근처에는 프로방스 전통 돌집 스타일의 분위기 넘치는 펜션과 고급 호텔이 많기에 그곳에서의 여유를 여행으로 채우는 걸 조금 더 추천한다.

세낭크 수도원 Abbaye de Senanque

세상과는 동떨어져 숨은 듯한, 침묵의 수도원

고르드에서 북쪽 협곡 안쪽으로 좁은 도로를 따라 쭉 들어가면 숨은 듯 자리한 세낭크 수도원이있다. 프로방스 여행의 대표 포토존 중하나이며, 라벤더가 없을 때는 다소 황량한 느낌이 있지만, 그것 또한 수도원의 매력이 아닐까? 이곳은 1148년 시토수도회의 수도사가세운 12세기 로마네스크 양식의 규율과 엄격한 교리를 원칙으로 삼는 베네딕토 원시회칙 파의 수도원이다. 또한, 하루 24시간 중에서

15분만 말을 할 수 있다고 해서 침묵의 수도원이라고도 하며, 우리의 템플스테이처럼 수도원 한쪽은 Monastic Hospitality이라는 이름으로 머물러 볼 수도 있다. (예약 필수) 이런 엄격한 규율의 종교시설이다 보니 직접 재배하고 만든 제품들은 사람들에게 믿음을 주어 인기가 많은 편이다.

프로방스 나의 집

전통 돌집에서 낭만적인 하룻밤

여행에서는 주로 호텔을 선호하는 편이다. 일정이 좀 여유 있고 길다면 Air bnb와 같은 숙소도 고려하긴 하는데, 생각보다 여행의 안전함과 개인의 선호 상 자주 선택하지는 않는 편이다. 그래도 프로방스 여행에서 최소한 하룻밤은 일반적인 호텔이 아닌 전통 숙박시설을 추천한다. 특히 고르드 인근에는 바람과 햇살의 영향으로 돌을 쌓아 지은 전통 형태의 집이 많이 남아 있다. 독특한 외관과는 달리 아기자기한 프로방스 내부 인테리어가 설렘을 준다. 그 중에서 소규모 부티크 호텔 스타일 경우는 일반적인 호텔보다 가격도 비싸고, 의무 디너 포함, 최소 2박 이상의 숙박 조건을 붙이는 등 제법 까다로운 곳도 있는데, 만족도는 높은 편이다. 프로방스 나의 집이랄까?

루시옹 Roussillon

붉은 황토와 더 붉은 '고도를 기다리며'의 탄생지

명확하고 깔끔한 이유는 말할 수 없지만 가끔 책장에서 꺼내어 펼쳐지는 데로 읽는 책이 하나 있는데, 바로 사무엘 베케트의 '고도를 기다리며'이다. 베케트는 2차 세계대전 당시 레지스탕스 지원 활동을 하다가 1942년 나치 정권을 피해 남프랑스 루시옹에서 숨어 지내며 '고도를 기다리며'를 구상했다고 한다. 마냥 따사롭고 화사할 것 같은 프로방스지역에서 부조리극의 대표작이 탄생하였다니 루시옹

이 더욱 궁금했다.

　루시옹은 일명 붉은 마을로 불리기도 한다. 마을 자체가 형성된 지역을 비롯하여 인근 50km 정도까지 철분 함량이 높은 붉은 황토지대이기 때문이다. 과거 로마인들이 도자기 유약을 생산하기 위해 이곳의 황토를 사용하기 시작해서 18세기 말에는 제법 많은 수의 채석장이 운영되었다는데, 현재는 보호 대상으로 금지되었다고 한다.

　마을의 모든 건물은 이곳 황토인 오커(ocher)와 시에나(sienna)를 직접 바르거나, 페인트에 섞어 벽 마감을 한다고 한다. 오랜 시간 동안 산화되어 붉은빛을 띠는 적토, 산화되기 전의 중간색 황토, 이끼 등이 섞여 절묘한 녹토 등으로 자연스럽게 발색이 되었다니 말만 들어도 로맨틱하지 않은가? 실제로는 어떠냐고 묻는다면 다른 미사여구 없이 추천 꾹~ 해본다.

톤 다운된 파스텔 빛 골목골목이 다른 유명 마을과 비교해 덜 화려하겠지만, 그 부드러운 색과 어울리는 차분함과 예상치 못한 툭 튀어나오는 멋진 조형물들까지. 여럿이 우르르 보다, 혼자 또는 많은 말이 필요 없는 동행과 조용히 그러면서도 두근두근 설레는 마음으로 산책하기 좋은 마을이다.

그렇다고 정적이기만 한 곳은 아닌 이유는, 바로 마을 한쪽으로 연결되는 붉은 황톳길 트레일 때문이다. 30분 또는 60분 코스로 부담 없이 걸어볼 수 있는 길인데, 문제는 워낙 입자가 곱고 부드러운 진한 붉은 흙이라 자칫 아껴야 할 신발 또는 하의에 물들 수 있음을 고려해야 한다.

다시 간다면 최대한 심플한 흰 운동화를 가져가서 Made in Roussillon을 만들어 보고, 붉은 흙을 더욱더 붉게 물들게 해 주는 붉은 석양과 함께 나의 고도를 기다려 보고 싶다.

발랑솔 Valensole

끝없는 보랏빛 물결, 라벤더 로드의 시작과 끝

언제 가도 좋은 게 여행이지만, 그래도 여건만 된다면 프로방스 여행의 최고 시즌은 보랏빛 라벤더 물결이 끝없이 펼쳐지는 6월 중순 ~7월 중순이 아닐까 한다. 우리나라에서도 제주도와 강원도의 라벤더 포인트와 가깝게는 일본 홋카이도 후라노 지역이 라벤더 농장으로 유명한데, 그 규모의 차이는 비교 불가이다. 차로 달리고 달려도 끝이 없는 그 라벤더 로드. 그 라벤더 로드의 시작이자 끝은 발랑솔

이다.

　시기에 따라서 지역마다 개화의 약간의 차이가 있지만, 지평선 끝까지 펼쳐지는 라벤더 밭은 발랑솔로 가야 한다. 마노스끄 Manosque 에서 출발해서 발랑솔 Valensole로 이어지는 D6번 도로와 발랑솔에서 북쪽으로 올라가는 D8번 도로가 세계적인 라벤더 로드라고 할 수 있다. 도로를 따라 양옆으로 펼쳐지는 라벤더와 시기에 따라 분홍빛 붓꽃, 노란 해바라기 등이 어우러지기도 한다.

　시즌에 방문한다면 사진에 잘 나오는 하늘하늘 원피스와 그늘이 없는 평원에서 뜨거운 햇살을 피할 수 있는 창이 있는 모자가 필수이다. 또한 꽃밭이다 보니 벌도 많다. 그래서 향이 진한 화장품이나 향수를 피하는 게 벌을 덜 신경 쓰면서 예쁜 인생 샷을 남길 수 있다.

베르동 Verdon
프로방스의 또 다른 모습, 유럽의 '그랜드캐년'에서 드라이빙

　　프로방스에는 아기자기하고 프랑프랑 한 마을만 있는 게 아니다.
규모 면에서는 유럽의 그랜드 캐년으로 불리는 베르동 협곡이 있다.
약 1억 4,000만 년 전에 생성된 석회석으로 멀리서 보면 만년설이 쌓
인 듯 하얀 능선이 6m~1,500m까지 유연하면서도 역동적인 굴곡을
이루며 거대한 협곡을 이루고 있다. 버스나 대중교통으로는 접근이
어렵고, 렌터카로 안전운전이 필요한 구간이니 시간 여유를 두고 방

문을 추천한다. 그리고 11월 중순~4월 초는 눈길로 인해 통제되거나, 통제가 안 되더라도 접근을 안 하는 게 좋다. 협곡 내 마을이나 호텔도 이 기간은 운영하지 않아 그 어떤 편의를 위해 제설작업을 하지는 않는다고 한다.

호수에 있는 아르튀비 다리를 기준으로 양옆으로 나뉜 협곡을 다시 건널 수 있는 건 어느 쪽이든 약 40분 이상은 달려야 한다. 북쪽으로는 D952 도로를 통해서 협곡을 마주할 수 있으며 이 도로는 중간에 작은 마을도 지나고 조금 더 부드럽고 평온한 협곡의 모습을 볼 수 있다. 대신 중간에 있는 '라 빨류 슈흐 베르동 La Palud sur Verdon'

마을에서 D23가 연결된다. 이 도로는 협곡을 깊숙하고 가깝게 한 바퀴 돌아볼 수 있는 원점 회귀형 도로의 협곡 드라이빙 자체가 목적인 경우로 시간과 운전의 피로감 문제만 없다면 추천한다. 성향에 따라 다르겠지만 중간중간 전망대가 있어 여유 있게 내려서 경치도 보고, 사진도 찍고 천천히 즐긴다면 약 1시간 정도 소요된다. 남쪽으로는 D71 도로가 협곡을 따라 드라이빙이 가능하다. 이 도로는 북쪽의 D952과 D23의 반반 정도라 할 수 있을 것 같다. 시간도 덜 소요되고, 운전도 덜 피곤하여 동선만 크게 벗어나지 않는다면 D71도 좋은 선택이 될 것이다.

생트 크루아 호수 Lac de Sainte Croix

에메랄드빛 호수에서의 피크닉

이곳도 대한항공 프랑스 편 CF에서 '우리 집 수영장'이라고 소개한 곳으로, 석회석 절벽인 베르동 협곡 사이를 흘러나온 에메랄드빛 물이 흘러 예쁜 호수를 이룬 곳이다. 협곡 끝이자 호수의 시작 경계에 있는 아르튀비 다리에서 보는 뷰는 저 협곡 안쪽이 몹시도 궁금하게 한다. 실제 6월~9월 시즌에는 카약이나 페달 보트, 전기 보트 등을 임대 해주는 업체도 운영하고 있어서 협곡으로의 색다른 탐험이 가능하다. 당연한 소리겠지만 잔잔한 호수라도 흐르는 방향이 있어서 캬약은 좀 힘들고, 전기 보트가 좋다. 그렇다고 속도감이 있진 않고, 방향만 잡아주면서 천천히 유람하는 정도라서 편하게 즐길 수 있다. 또한 미리 간단한 피크닉을 준비해서 널찍한 호숫가에서 이국적이고, 평화로운 분위기를 누려볼 수도 있다. 정말 프로방스에는 이런 포인트가 많고, 그걸 제대로 즐기는 사람들이 많아서 부럽다. 처음에는 여행 중 준비하는 게 번거롭지만, 어느 순간 기회만 되면 자리 잡으려는 자신을 발견하게 될 것이다.

무스티에 쌩트 마리 Moustiers Sainte Marie

별 하나를 품고 있는 나의 프로방스 마을

깊은 베르동 협곡의 돌산 속 좁은 계곡 사이에 자리한 작은 마을로 몇 해 전 대한항공 프랑스 편 CF에서 '프랑스 나의 집'으로 소개된 정말 작고 예쁜 마을이다. 특히 마을 양옆의 협곡 사이에 걸린 별로 유명하다. 저 높은 협곡에 누가 어떤 이유로 걸었는지 여러 설이 있는데, 그중 십자군 전쟁에 나간 기사가 적에게 포로로 붙잡히자 살아서 고향으로 돌아간다면 마을에 별을 매달아 성모 마리아에게 바치겠다

고 다짐하고 살아 돌아와 마을에 별을 매달았다는 이야기가 유력하다고 한다. 이유가 어쨌든, 우리에게는 거기에 별이 있다는 게 중요하니깐. 길을 잃으려야 잃을 수 없는 작은 곳이고 벽 하나, 열린 창문 하나, 골목을 향한 문 하나 모두 예쁜 마을이라 여기에서만큼은 걱정하지 말고 골목 탐험을 추천한다. 어쩌면 그리도 창과 문의 색이 예쁠까? 모든 마을 사람들이 색을 잘 쓰는 화가인 것 같다.

마을을 든든하게 받쳐주고 있는 커다란 바위산으로 올라가는 262개의 돌계단을 올라가면 해발 660m의 노트르담 보부아르 성당이 있다. 심플한 수수함에 절로 경건함이 느껴지는 바위산의 성당은 그 자

체도 감동이지만, 바위산을 끝을 따라 돌아가면서 오르는 그 자체가 멋진 길이 된다. 특히 저녁노을이 질 때면 눈물이 날 지경이다. 베이지와 연한 주황, 진한 갈색, 심지어 녹색까지 각각의 색을 잃지 않으면서도 튀지도 않는 촘촘한 지붕의 기와들과 저 멀리 마을 아래 펼쳐지는 목가적인 풍경, 그리고 하늘을 물들이는 노을까지… 없는 님까지 끌어올 감정이 든다. 하지만 감정에 아무리 취해도, 현실은 길을 잘 보면서 조심조심 내려와야 한다. 돌계단이 생각보다 반질반질 미끄럽기에 잘못하다가는 삐끗하기 딱 좋기 때문이다. 가능하면 이곳에서의 숙박도 추천한다. 워낙 작은 마을이라 숙소 선택의 한계가 있긴 하지만, 관광객으로 북적이는 낮과는 다르게 공기를 가르는 시원스러운 계곡 물소리와 청명하게 울리는 성당의 종소리만이 남은 밤은 또 다른 공간이 된다.

그라스 Grasse
세계 최대 향수 도시의 이야기

    프로방스를 잘 몰랐던 때에도 '그라스' 하면 한때 엄청나게 빠졌던 소설가 '파트리크 쥐스킨트'의 '향수 : 어느 살인자의 이야기'가 떠올릴 정도 향수로 유명한 곳이다. 주인공이 파리에서부터 천상의 향을 찾아온 그라스. 책과 영화를 보고 그라스에 가면 무조건 끝이 보이지 않을 꽃밭이 펼쳐져 있을 거라고 막연하게 생각할 정도였다.

그라스의 첫인상은 여기가 정말 그라스인가? 하는 의구심에 창밖과 네비게이션을 번갈아 보면서 선뜻 내리지 못했다. '아, 꽃은 어디에 있는 거지?' 건물과 골목도 상상하던 게 아닌데… 그래도 더는 안내하지 않는 네비게이션과 골목마다 프리고나르Fragonard 간판이 빼곡하니 일단 내려본다. 당연한 거겠지만 그라스 타운 내는 꽃밭이 없다. 라벤더는 발랑솔쪽에서 넘어오고, 많은 종류의 꽃도 수입이 많고 그라스의 상징인 '오월의 장미(5월)'와 '재스민(8월)'이 있는데 이 꽃들도 인근 각 농장에서 시기에 맞게 피어나고 수확하기에 무작정 꽃을 찾아 떠나지는 말자.

해발 325m의 분지에 자리한 그라스는 지금은 세계 향수 원액의 약 80%를 생산하고, 유명한 향수 브랜드의 실제 제조사들이 즐비한 향수의 중심지이지만, 과거 중세 시대는 가죽 가공으로 유명한 곳이었다고 한다. 당시 가죽에서 나는 고약한 냄새를 지우기 위해 가죽 장갑에 향을 입혔는데 이 장갑이 프랑스 왕족과 귀족 계층에서 큰 인기를 끌면서 점점 가죽 가공보다는 향수제조업으로 발전하게 되면서 지금의 향수의 본고장으로 자리를 잡게 되었다고 한다. 세계적인 조향사 대부분이 그라스에서 향수를 배웠고, 샤넬 'No5'의 5월의 장미, 크리스티앙 디올 'Jadore'의 재스민 등 유명 향수들이 태어나고 있다.

또한 그라스는 '그네'로 유명한 18세기 로코코 화가 '장 오노레 프

라고나르 Jean-Honore Fragonard'의 고향이기도 하다. 대표적인 3대 향수 회사로는 '장 오노레 프라고나르'의 이름을 딴 프라고나르 (Fragonard), 몰리나르(Molinard), 갈리마르(Galimard)가 있고 특히 프라고나르는 향수뿐만 아니라 패브릭을 포함해서 생활용품 전반으로 라인을 다양하게 확장하고 있다. 향수 구매만이 목적이라면 굳이 그라스까지 오지 않아도 여느 마을마다 각 매장이 있어서 괜찮지만, 화가 프라고나르의 흔적과 3대 향수 회사에서 직접 운영하는 세상에 단 하나 '나만의 향수 만들기' 체험까지 고려한다면 그라스까지 오는 길이 화사한 길이 되지 않을까?

나만의 향수 만들기

향수의 본고장에서 체험해보는 세상에 없는 나만의 향수 만들기

이미 향수를 만들어 볼 수 있는 체험이 많지만, 프랑스 그것도 향수의 본고장 '그라스'에서 전문 조향사들과 함께 만드는 '나만의 향수 만들기' 체험이라니 너무 낭만적이고 특별한 경험이 아닌가?

그라스의 3대 향수 회사인 프라고나르 Fragonard, 몰리나르 Molinard, 갈리마르 Galimard 모두 해당 클래스를 운영하고 있으니, 선호도에 맞춰서 진행하면 된다. 이 중에서 황실과 귀족들 위주로 사용하던 향수를 최초로 대중들을 위해 만들기 시작했다는 갈리마드에서 '향수 만들기' 체험을 하기로 했다. 클래스는 영어로 진행했는데, 어려운 건 없는 내용이라 편하게 참가해도 되며 작년(2019년)부터는 갈리마드에 한국인 조향사가 오셔서 조금 더 편하게 진행할 수 있게 되었다. (한국인 조향사 여부가 중요하다면 추후 신청 시 재확인이 필요하다) 회사마다 조금씩 다르지만, 평균 2시간 정도 소요되며, 비용은 100ml 기준 55~60유로이다.

짠~ 괜히 욕심나는 향수를 만드는 작업대인 '오르간'

향수의 향은 크게 Peak note, Heart note, Base note로 나뉜다.
(탑노트 – 미들노트 – 베이스노트와 동일)

Peak note는 향수의 첫인상

즉 처음 향수를 뿌렸을 때 나는 향기이다. (얼굴이 그려 짐)

Heart note는 피크 노트 다음으로 나는 향으로, 전체적인 분위기를

좌우한다. (몸통이 그려 짐)

Base note는 향수에 있어서 가장 중요한 전체 베이스를 좌우하며,

제일 마지막까지 남는 향이다. (치마가 그려 짐)

제일 먼저 베이스 노트를 결정해야 하는데 얼굴이 그려진(피크 노트) 9개의 향을 주고 이 중에서 마음에 드는 2가지를 먼저 선택한다.

그러면 조향사가 그 2가지에 해당하는 베이스노트 향 8가지를 골라준다. 이를 맡아보고 4가지를 선택하면 된다. 그러면 내가 선택한 4가지를 보고 원액별로 조합 양을 적어준다. 이때 실제 선택과 원하는 향이 다를 수도 있고, 조합 양을 조정하고 싶을 때 아무래도 의사소통이 편하면 좋을 것 같긴 하다. 그걸 그대로 실린더에 잘 따라서 섞으면 나의 베이스 노트 향이 되는 거다.

다음 하트 노트를 고를 때는 이미 완성된 베이스 노트를 테스트 종이에 묻혀, 각각의 하트 노트 향들과 함께 맡아서 좋은 향을 5가지 고른다.

여기까지 하면 많은 향에 어질어질 해지고, 그 향이 그 향 같은 지경에 빠진다.

잠시 신선한 공기로 환기 시켜주고, 다시~

최종 피크 노트는 함께 맡아보는 과정 없이 피크 노트 향을 단독으로 맡아서, 역시 5가지를 고르고 다 섞어주면 끝난다.

중간중간 작성지에 고른 향의 이름과 용량 등을 표기하는데, 이제 맨 위에 나만의 향수 이름까지 적어서 조향사에게 건네주면 수료증과 완성된 향수를 용기에 담아준다.

라벨에 적힌 넘버 6자리는 이 향수의 고유 번호로 이번에 만든 향수 제조법(종류와 배합률)을 보관해두어 언제든지 고유번호를 제시하면 동일한 향수를 만들 수 있는 시스템을 가지고 있다고 한다.

오호, 나는 이제 그라스에 향수 취향도 킵 해두는 사람이다.

무쟁 Mougins

피카소와 미식의 도시

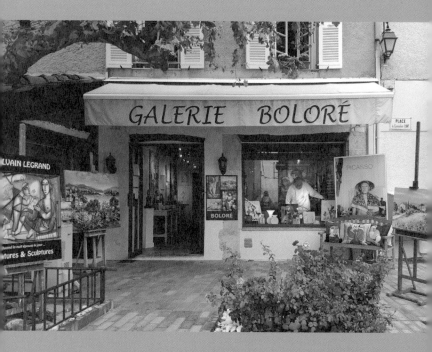

프로방스에는 정말 많은 마을이 있는데, 그 중 무쟁은 많이 알려진 마을은 아니지만 숨겨진 보석 같은 마을이다. 피카소가 생을 마감할 때까지 12년을 살았던 곳이자, 작은 마을의 골목골목에 조각품과 설치작품, 아트 갤러리 등이 있어 산책하는 즐거움이 있다. 집 앞에 무심히 내놓은 테이블과 한쪽 벽면을 가득 채워 걸어놓은 색색의 작은 화분들. 하지만 잠시 걸음을 멈췄던 집의 창턱 위 자그마한 금빛 사

과. 집주인이 너무 궁금해지는 창이다. 괜히 집 앞을 왔다 갔다 서성이다가 겨우 발걸음을 옮겼다.

거기에 매년 9월 푸드 페스티벌 Les Etoiles de Mougins이 열릴 정도로 훌륭한 레스토랑이 꽉 찬 말 그대로 예술과 미식의 마을이다. 칸과 불과 6km 정도 떨어진 지리적 이점으로 최근에는 영화제 기간 많은 할리우드 배우들이 방문하여 대중적으로 더욱 알려지게 되었다. 저녁으로는 과할 수 있다 보니, 이곳에서는 점심 식사를 겸하는 목적으로 방문하길 추천한다. 여건상 지나가는 길에 잠시 내려서 둘러보기만 한다면 무쟁은 비슷비슷한 산 위의 작은 마을로만 남을 것이다.

앙티브 Antibes
피카소 미술관과 화가들의 지중해

　니스 인근 눈부신 해안 마을로 피카소, 모네, 폴 시냑, 니콜라드 스탈 등 많은 화가가 사랑한 마을이다. 그 많은 화가 중에서도 피카소와의 인연을 빼놓을 수가 없다. 지중해를 그대로 품은 앙티브 피카소미술관은 피카소의 작업실로 쓰이던 아틀리에를 미술관으로 개관했다는 데 의미가 있다. 이 단단한 성채와 같은 곳은 진짜 12세기 건축된 그리말디 성으로, 과거 앙티브 주교들의 거처이기도 했으며 몇

차례의 주인이 바뀌면서 그 용도가 변경되다가 현재의 피카소미술관
으로 1966년 오픈하였다.

　정작 피카소가 이곳에 머물며 작업한 시간은 1946년 9월~11월까
지 약 2달 정도의 짧은 기간이지만 앙티브의 따뜻함과 풍요로움 때
문인지 회화를 비롯한 드로잉, 도자기 등 많은 작품 활동을 했다. 미
술관의 규모는 크지 않지만, 구석구석까지 잘 배치된 작품들과 피카
소 외 호안 미로, 안나에바 베르만, 니콜라 드 스탈 등 작가들의 작품
도 만날 수 있다. 개인적으로 이곳에 가면 바로 위로 올라가서 피카소
의 '삶의 축제' 앞에서 인사를 하고, 바로 내려와서 니콜라 드 스탈의
미완성의 유작 '콘서트'라는 작품 앞에 앉아서 대부분의 시간을 보낸
다. 그리고 마지막으로 1층 테라스로 나가 거칠 것 없는 지중해를 가
득 담고 나온다. 특히 1층 테라스는 날씨의 영향으로 닫아 둘 때도 많
아서 기회가 될 때는 냉큼 나가야 한다.

　미술관 뒤편으로는 앙티브 재래시장과 그 옆으로는 작지만 풍성한 레스토랑과 카페까지 빼곡하게 자리하고 있는 행복한 거리가 있다. 아담하면서도 예쁜 해변 비치들까지 작은 해안 도시 앙티브는 구석구석 예쁘지 않은 곳이 없다.

　앙티브 시내 서쪽으로 툭 튀어나온 고급 휴양지 갚 덩티브 쪽의 드라이브와 이곳에서 바라보는 앙티브 뷰는 어느 화가의 작품 이상을 보여준다. 그리고 반대편 주앙 레 팡 Juan Les Pins도 눈부신 해변과 그 해변을 즐기기에 좋은 레스토랑들까지 칸이나 니스보다 덜 혼잡하고 더 뚜렷한 지중해를 품어 완벽한 휴양을 즐길 수 있다. 특히 매년 7월 중순 소나무 숲 한가운데에서 펼쳐지는 재즈 페스티벌 '재즈 아 주앙 Jazz a Juan'의 여름밤까지 즐겨볼 수 있다면 최고 휴양의 시간이 아닐까 한다.

생 폴 드 벙스 Saint Paul de Vence

샤갈의 도시이자, 예술가들의 아지트

　니스에서 약 20km 떨어져 있는 곳으로 언덕을 제법 돌아 올라가면, 산 위에 단단한 성벽을 둘러싼 중세 마을이 보인다. 높은 성벽 사이 좁은 통로를 들어가면 타임슬립으로 순간 이동이 될 것 같지만, 절대 그런 일은 없고 '마을 전체가 커다란 아틀리에'라는 별명을 입증하듯이 좁은 골목을 마주하고 양쪽에 갤러리, 예술가들의 워크숍들이 빼곡하다.

16세기 건물들과 우체통, 심지어 촘촘하게 깔린 바닥의 돌마저도 사랑스럽다. 지리적인 이유로 단체관광객들도 많이 방문하는 곳으로 좁은 메인 도로가 붐빈다면 잠시 옆 골목으로 빠져보는 것도 좋다. 기대하지 않은 꽃이 가득한 담벼락이나 떼어오고 싶은 창 덧문까지 내게만 다가온 생 폴 드 벵스가 될 테니 말이다.

또한 마르크 샤갈이 97세의 나이로 생을 마감하기 전까지 20여 년을 지낸 곳으로 '샤갈의 마을'이라 불리며 마을 곳곳에 샤갈의 포인트

랄까? 계단, 분수 등 샤갈의 모습도 찾아볼 수 있다. 휙 둘러본다면 1 시간이 채 걸리지 않겠지만, 눈길 잡아주는 곳마다 못 이기는 척 잡혀주면서 천천히 거닐다 보면 어느새 마냥 가다 서기를 반복하며 마을 구석구석 탐색하고 있을 자신을 발견하게 될 것이다.

그렇게 마을 반대편 끝까지 가면 샤갈이 잠들어 있는 공동묘지가 있는데 너무도 평범한 묘비를 마주하면 이곳이 맞는지 의심이 들 지경이다. 이럴 줄 알았으면 마을 입구에 있던 샘터에서 꽃 한 송이라도 준비해 올걸. 샤갈의 작품 속 꽃다발을 좋아하는데. 다음에는 꼭 갖다 드릴게요. 그동안 안녕.

생폴 드 벙스의 다른 포인트 중 하나로, 마을 입구에 자리한 레스토랑이자 호텔인 황금 비둘기 La Colombe d'Or를 꼽는다. 1920년 카페로 시작한 이곳은 1차 세계대전 후 혼란 속 많은 예술가들이 평화롭고 아름다운 곳을 찾아 프로방스 지역으로 내려오기 시작했고, 특히 생폴 드 방스에서 여생을 보낸 샤갈과 카페 주인의 친구였던 피카소가 단골이었다고 한다. 그러다 인근 마을에 머물던 예술가들과 휴가로 내려온 유명인들까지 이곳으로 모이면서 그야말로 그들의 아지트가

된 곳이다. 자연스러운 사교의 장으로 화가들의 작품들이 선물 또는
거래되었을 테고, 거기에 스토리를 하나 더 추가하여

[예를 들어, 가난한 예술가들에게 방값이나 음식값 대신 작품을
받아주었다는⋯ 정작 가보면 가난한 예술가들의 작품은 없어 보이
는데 말이다.]

오늘날 이곳은 호텔과 레스토랑 곳곳에 걸어두고, 설치된 작품들
사이에서 그 시절 그들과 함께 아지트를 공유하는 특별한 경험을 할
수가 있다. 분명 음식 맛과 가성비 순으로 꼽는다면 생 폴에서 최선의
선택은 아니겠지만, 볕 좋은 야외 테라스에서의 점심은 가심비로 따
진다면 최고의 선택이라고 추천한다. 역시 예약은 필수이다.

매그재단 Fondation Maeght
가장 <u>프로방스다운</u> 미술관

대도시가 아닌 작은 생 폴 드 벙스의 외곽에 1964년 개관한 20세기 예술가들 특히 샤갈, 마티스, 미로, 자코메티 등의 그림과 조각 1만여 점 넘게 소장하고 있는 유럽에서도 손꼽히는 현대미술관이다. 매그 부부의 안목으로 숲길을 따라 제법 안쪽으로 자리한 미술관은 외부와 단절된 듯 오롯이 미술관에만 집중할 수 있도록 스페인의 건축가 루이스 세르트의 설계로 건축되었다. 조각품을 많이 소장해서 그

런지 실내도 실내지만 외부 정원이 하나의 작품처럼 자연스럽게 산책하듯 관람이 가능하다. 이름 모를 새소리와 함께 한적하게 미로와 자코메티 작품 사이를 마음껏 유유자적 거닐어 볼 수 있는 아주 멋진 곳이다. 어쩌면 매그 재단은 그야말로 프로방스에 꼭 맞는 미술관 같다. '나 비싼 작품이야. 내게 가까이 오면 안 돼! 거기서 바라봐.' 이렇게 무언의 장막이나 거리감 없이, 원래 그곳에 있어야 할 것처럼 자연스럽게 스스로를 빛나게 하는.

로사리오 예배당 Rosary Chapel

화려함을 이기는 간결함의 표본

생 폴 드 벵스에서 더 북쪽으로 들어가면 벵스Vence 라는 작은 도 시가 있다. 일반적인 시골 도시 풍경이라 프로방스 여행에 그리 어울 리지는 않는 것 같다. 대부분 이 도시까지 왔다면 앙리 마티스의 말년 작품인 로사리오 예배당을 방문하기 위해서 일 것이다. 마티스 자체 라고 볼 수 있는 이 예배당에 관여하게 된 사연을 간단하게 소개한다 면, 마티스가 1941년(72세) 리옹에서 십이지장암 수술을 하면서 인연이 되었던 간호사를(잠시 모델 역할도) 훗날 벙스에서 수녀의 신분으로 재회하면서 스테인드글라스 작업을 시작으로 실내장식, 미사용 제기, 제복 등 사비까지 털어가며 마티스가 제작했다고 한다. 작은 예배당은 군더더기 하나 없이(심지어 변변한 주차장도 없음) 깔끔하며, 여느 성당의 예배당과 같이 화려함이 아닌 이렇게 단순할 수도 있구나 싶을 만큼 간결하다. 처음 시작하는 채워지지 않은 간결함이 아닌, 무언가 충분히 차고 넘쳐서 결국 그 이상을 보여줄 수 있는 경지의 간결함이랄까? 그 분위기에 더욱 숙연해졌다. 선의 간결함은 극대화 되었지만, 색의 눈부심은 여전하여 서로를 더 돋보이게 하지 않을까 한다. 예배당 내부는 철저하게 사진 촬영을 금하고 있는데, 아쉽기는 하지만 그 또한 수긍이 간다. 생 폴에서도 구불구불 산길을 달려 들어오는 곳이다 보니, 무조건 추천하기는 어렵고 마티스를 작별 인사를 원한다면 추천하고 싶다.

니스 Nice

Nice~ Nice!

한가롭고, 햇살 좋고, 막힘 없는 푸른 지중해, 다양한 사람들과 더
다양한 축제가 끊이지 않는 니스. 그런 니스를 사랑하지 않을 사람이
얼마나 될까? 큰 규모의 대도시지만, 길고 긴 해변이 주는 여유일까?
청량감 넘치는 푸른 지중해를 온전히 품고 있어서 그럴까? 반짝반짝
모든 게 빛나도록 쏟아지는 햇살 때문일까? 세계 3대 카니발인 니스
카니발을 포함하여, 1년 내내 크고 작은 행사와 축제가 쉼 없이 열

리는 곳임에도 복잡함보다는 여유를 주는 니스는 정말 나이스 하다.

　여행자 입장에서는 모든 여행지에서 시간의 아쉬움을 항상 가지고 있지만, 니스에서는 정말 온종일 뒹굴고 싶다. 수영하지 않더라도 해변에 파라솔이나 산책로 의자에 앉아 푸른 지중해와 연신 하늘을 가르며 한줄기 흔적을 남기는 비행기, 그리고 여기 또는 하늘에 있는 사람들…. 멀지않은 곳에 누군가가 음악까지 더 해준다면 금상첨화 (이런 사람들은 대부분 선곡도 나무랄 때가 없다) 한여름, 한낮의 타는 듯한 태양이 부담스럽다면 바닷바람 불어오는 저녁 시간도 좋다. 해변이 모래가 아닌 동글동글 자갈이라 피크닉 하기에도 좋다.

　그래도 마냥 한량 모드 일수는 없지 않은가? 마티스, 피카소, 뒤피

등 많은 예술가가 사랑한 곳이자, 도시의 규모만큼 볼 곳도 많다. 그
래도 니스의 모든 곳을 다 돌아볼 수는 없으니깐 사랑하는 몇 군데
를 꼽아본다면….

먼저 니스 하면 제일 먼저 떠오르는 해변과 그 해변을 그대로 품은
약 4km에 다다르는 '영국인들의 산책로 Promenade des Anglais'
가 있다. 18세기부터 많은 영국 귀족들이 지중해의 따뜻한 날씨를 동
경하여 세계적인 휴양지로 이름을 알리게 되고, 이 산책로를 조성하
고 정비하기 위해 많은 영국인이 기부하여 붙여진 이름이라고 한다.
산책로를 걷다 보면 타원형의 니스 해안선과 시내를 한 번에 조망할

수 있는 전망대가 있는데, 생각보다 힘들지 않은 높이기에 올라가 보길 추천한다. 날씨까지 좋은 날이라면 필수다. 눈높이는 다르지만 라울 뒤피의 '니스, 천사들의 해변'의 실사판 아니 그보다 더 멋진 뷰를 볼 수 있다. 눈으로 니스를 담았다면 입으로 니스를 담을 수 있는 곳으로는 전망대 근처 아침에 열리는 작은 시장이 있다. 해변 피크닉을 위한 쇼핑도 좋고 프로방스 여행의 기념품으로 좋은 비누를 구입하기에도 좋다.

해변을 제외하고 산책하기 좋은 곳으로는 태양의 신 아폴론이 당당하게 자리한 분수를 시작으로 그 앞으로 펼쳐지는 마세나 광장과 공원이 있다. 특히 여름이면 바닥에서 뿜어져 나오는 분수로 아이들의 신나는 놀이터이자, 이국적인 건물들과 사람들을 관찰하고 찍기

에 좋은 포인트가 된다. 세상에서 사람 구경만큼 재미있는 일도 없지 않은가. 그리고 종종 이 프레임에 어울리지 않은 듯한 유려한 곡선을 뽐내며 가로질러가는 트램도 있다.

  전망대 반대편 해변과 가까운 곳에는 니스를 대표하는 유서 깊은 호텔인 네그레스코 Negresco가 있다. 1913년 문을 연 니스에서 가장 유명한 최고급 호텔로 2003년 프랑스 정부로부터 국립 역사기념물로 지정되고, 전 세계 유명인사들이 자주 묵는 곳으로 로비에 설치된 니키 드 생팔의 조각상과 네그레스코 갤러리라 불릴 만큼 많은 예술작품을 보유한 곳이다.

국립 샤갈 미술관

마르크 샤갈의 작품 중 '인간의 창조', '노아의 방주' 등 구약성서에 관한 연작 시리즈가 중앙 홀을 가득 채우고 있는 니스 대표 미술관으로 1973년 개관했다. 종교화 외 한쪽으로는 회화와 조각도 전시되어 있으며, 꼭 놓치지 말아야 할 샤갈의 스테인드글라스가 설치된 작은 공간이 있다. 한눈에 시선을 끄는 웅장하고 화려하진 않지만, 아기자기한 딱 샤갈 스타일이다. 필요할 때 문화공간으로 사용하는 듯한데 그들이 너무 부럽다. 예술과 함께하는 생활이라고 거창하지 않고, 말 그대로 생활의 일부인 듯하니 말이다. 시내에서 대중교통으로도 접근이 쉽고, 미술관 규모도 아담해서 부담 없이 방문하기 좋다.

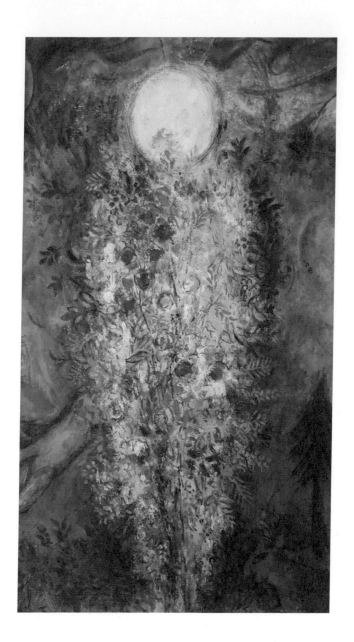

마티스 미술관

아름다운 해안 도시 니스를 사랑한 화가들이 수없이 많지만, 그 중 앙리 마티스의 니스라고 부르고 싶다. 이유는 니스를 대변하는 색은 파란색이라고 생각하는데, 마티스도 니스를 닮은 파란색을 많이 사용한다. 그래서 니스 하면 마티스가 생각난다.

마티스는 원래 프랑스 북부 시골에서 태어났는데 1917년부터 1954년까지 37년 동안 니스에서 머물다가 생도 니스에서 마감했으니 니스의 화가라는 타이틀을 붙여줄 만하지 않은가?

마티스 미술관을 멀리서 처음 봤을 때 온다 리쿠의 '흑과 다의 환상'이라는 소설이 생각난다. 올리브나무가 가득 심어진 공원의 한 가운데 자리한 17세기 제노아 양식의 아름다운 붉은색 건물이 주는 비밀스럽고도 고전적인 분위기 때문이었을까?

19세기 빅토리아 여왕의 겨울 별장으로 사용되었고, 한때는 니스에 남겨진 로

마 유적들을 보존 전시하기 위해 고고학 박물관으로 사용되기 하다가 마티스 사후 1963년에 마티스 미술관으로 개관되었다. 유명한 회화 작품보다는 드로잉과 판화를 많이 소장하고 있고, 연대기별 마티스 자료와 유품이 많아서 미술관보다 박물관 느낌이 있다. 그래도 시즌 때마다 준비하는 특별전은 꽤 기획이 좋아서 무조건 패스하기에는 아깝다.

역시 개인적인 좀 특이한 포인트 같긴 한데 위 층 한 전시실에 가면 말년의 마티스가 앉아서 큰 가위를 들고 패턴을 거침없이 재단하는 영상이 그렇게 눈길을 잡는다. 확고하고도 그 거침없는 가위질이 말이다.

> *색은 단순할수록, 내면의 감정에 더 강렬하게 작용한다.*
> *– 앙리 마티스*

빌프랑슈 쉬르 메르 Villefranche sur Mer

바다와 예배당이 전부인 아름다운 해변 마을

니스에서 오른쪽으로 모나코를 거쳐 이탈리아까지 이어지는 지중해 연안 지역은 정말 사랑이다. 지중해의 모범답안 같다고 할까? 고속도로가 아닌 M6098 해안도로를 메인으로 중간중간 거기에서 또 바다로 들어가는 작은 길, 물론 의도와는 달리 언덕 위 작은 골목골목으로 이어지기도 하는데 이런 곳에 이런 집이 있나 싶을 정도의 부러운 풍경을 보여준다.

니스를 막 벗어나자마자 해안선 안쪽으로 자리한 빌프랑슈 쉬르 메르가 나타난다. 그곳을 이름을 보기도 전에 이미 너무도 아름다운 해안 풍경에 차를 멈추고, 여기가 어딘지를 먼저 찾게 될 것이다. 여기는 니스 바로 옆 작은 마을로 마을을 둘러싼 작은 성벽과 공원에서 산책도 가능하고, 구시가지 자체가 아지트 같은 느낌을 풍기는 곳이라, 나중에 프로방스 한 달 살기 같은 시간 여유가 생긴다면 꼭 머물러 보고 싶은 마을 중 하나이다.

군이 지도가 필요 없는 작은 마을이지만, 그래도 방문하기 좋은 곳은 14세기 상인과 무역상들이 물자를 쉽게 운송하기 위해 사용한 건물 사이를 관통하는 약 130m 길이의 '옵스퀴흐 길 Rue Obscure'이 있다. 살짝 어두워서 사진 찍기는 쉽지 않지만 아무렇지 않게 이런 길을 그대로 두고 있다는 게 부러워서 연신 왔다 갔다 해본다.

또 이곳에는 프랑스 문화유산에도 등재된 어부들을 위한 작은 예배당 Chapelle de Saint Pierre 이 있다. 팔방미인 장 콕토가 보수 공사에 참여하며, 어부였던 베드로의 일화를 바탕으로 벽화를 예배당에 가득 그리면서 유명해졌다.

생 장 칸 페라 Saint jean Cap Ferrat
로스차일드 가문 별장에서 누리는 화사한 시간

빌프랑슈 쉬르 메르가 만의 형태라면 생 잡 칸 페라는 그에 붙어 있는 반도 지형이다. 숲이 무성하고 해변이 아름다워 휴양지로 전 세계 부자들의 세컨드 홈 타운을 이루고 있다고 한다. 이 멋진 곳에 나의 세컨드 홈은 없지만, 잠시나마 그 분위기를 느껴볼 수 있는 곳이 있다.

로스차일드 가문의 별장이었던 '빌라 에프뤼시 Villa Ephrussi' 중세 이후 유럽 최고의 부호로 알려진 로스차일드 가문의 '베아트리체 로스차일드'가 1905~1912년 사이에 지은 초호화 별장이다. 1912년부터 매년 겨울에 정기적으로 이곳에서 생활하다가, 죽기 1년 전인 1933년 프랑스의 아카데미 데 보자르 재단에 유언으로 증여하면서 현재에 이르고 있다. 별장 내부는 전 세계 진귀한 작품, 골동품, 다양한 미술 컬렉션 등으로 화려하게 꾸며져 있으며 프랑스 가든, 스페인 가든, 피렌체 가든, 장미 가든 등 9개의 테마 정원은 빌라 에프뤼시의 자랑이 아닐까 한다. 그중 5월 장미 축제가 아주 멋지다고 한다. 마지막으로 베이트리체가 식당으로 사용했던 빌프랑슈 베이가 내려다보이는 티 룸에서 차 한잔이라면 그 시간만큼은 온전히 '빌라 에프뤼시'가 나의 공간이 아닐까?

에즈 Eze
니체도 반한 지중해를 그대로 품은 마을

　니체는 단 한 번의 코트다쥐르를 만난다면 '에즈'라 말하고, '짜라투스트라는 이렇게 말했다'에는 주인공이 산에서 은둔 생활을 하다 "신은 죽었다"라며 마을을 내려오는데 이 '짜라투스트라는 이렇게 말했다'의 3부를 실제 구상한 곳으로 유명하다. 또한, 해변에서 에즈 위쪽까지 이어지는 니체의 산책로도 아직 남아있는데, 관광 모드로 가볍게 나서기에는 다소 위험할 것 같은 불편한 감이 있다. 욕심 같아서는 많은 사람이 편하게 산책할 수 있도록 조금만 관리를 해줬으면 좋겠다. 이렇듯 에즈는 니체의 마을이라 할 만큼 많이 아꼈던 곳임이 분명하다.

* 코트다쥐르 : 프랑스 남동부 프로방스 알프 코트다쥐르주의 마르세유에서 이탈리아 국경까지 이르는 지중해 연안을 말한다.

해발 427m 위 바위산 절벽 위에 있는 산악마을이자 아담한 중세 마을로써 12세기 '에즈' 가문이 이곳에 터전을 만들어 살기 시작하고, 13세기 로마 침략과 14세기의 흑사병을 피해 사람들이 산으로 올라가 살면서 마을이 형성되었다고 한다. 또한, 에즈 빌리지 형상이 독수리가 둥지를 튼 모습과 흡사해 '독수리 둥지 마을'이라고도 부른다. 에즈 마을 자체는 정말 작은 마을인데 그 작은 마을이 좁은 골목골목으로 이어져 있다. 그리고 그 골목마다 역시나 눈길을 잡는 작은 아틀리에와 기념품 샵, 레스토랑 등이 숨겨져 있어서 마치 보물 찾기 하는 느낌이다.

마을의 중심에는 노트르담 라송프숑 Notre Dame de L'Assomption 이 있다. 1764년에 시작하여 1772년에 완성된 바로크 스타일과 신고전주의의 영향을 동시에 받은 성당으로, 지중해를 빼면 다소 밋밋한 에즈에서 제법 중요한 포인트가 되어주는 곳이다.

무언가에 이끌리듯이 조금씩 조금씩 골목을 걸어 올라가다 보면, 마을 정상까지 자연스럽게 이어지고 그곳에는 아름다운 지중해의 이상적인 뷰를 조망할 수 없는 에즈의 하이라이트인 열대 정원 Le Jardin d'Eze 입구로 연결이 된다. (09:00~16:30 / 6유로)

아무래도 강렬한 프로방스 해가 그대로 내려오는 산의 정상이라 열대 정원이라기보다는 선인장 정원으로 많이 불릴 정도로 선인장 종류가 다양하고 많다. 무심한 듯, 또는 단조로운 듯하지만 그 어디보다 다양하고 풍요로운 뷰를 자랑하는 곳으로 에즈 방문의 필수 포인트라 할 수 있다. 또한 정원 사이사이에는 장 필립 리차드 Jean Philippe Richard의 땅의 여신, 바람의 여신 등 12개 지구의 여신상이 각각의 이름과 모습들로 이 정원의 주인들 마냥 자연스럽게 자리하고 있다.

에즈를 즐기는 또 다른 방법이자, 보물 같은 곳으로 샤토 에자 Chateau Eza를 빼놓을 수 없다. 에즈 빌리지 성의 일부를 스웨덴 윌리엄 왕자가 호텔로 개조한 고급 호텔로 400여 년의 역사가 있는 곳이자, 멋진 전망을 가진 미슐랭 레스토랑이다. 그중 절벽 끝으로 자리한 레스토랑의 뷰가 환상적이다. 노을도 예쁘지만, 뷰와 가격 등을 고려한다면 런치를 강력히 추천한다. 프랜들리한 직원들이 설명해주는 음식 소개도 재미있고 뷰 맛집으로 최고다.

마침내 산꼭대기에 올랐을 때, 그는 바라본다.

그의 앞에 다른 바다가 펼쳐져 있다.

그는 그곳에 서서 한참 동안 침묵을 지킨다.

- 니체의 〈짜라투스트라는 이렇게 말했다〉 3부 방랑자 中

프리드리히 니체는 에즈 마을에 대하여 말하길

'잘 자고, 많이 웃고, 환상적인 활기와 인내심을 얻었다.'라고 했다.

나도, 우리도 모두 이곳에서 평온한 시간을 보내길 바라본다.

Le Jardin d'Èze
RIVIERA COTE D'AZUR

망통 Menton
레몬 축제와 팔방미인 장 콕토의 미술관이 있는 해안 도시

　니스에서 약 30km 떨어져 화려한 모나코를 지나 바로 자리한 탓에 모르면 그냥 스쳐 지나갈 이탈리아가 더 가까운 지중해 작은 마을이다. 지중해를 끼고 온화한 기후를 가지고 있는 망통은 1346년부터 모나코의 그리말디에 의해 통치되기 시작하여 약 500년을 모나코 공국에 속해 있다가 1848년 탈퇴 선언 후, 1860년 국민투표를 통해서 프랑스에 귀속되었다.

기후의 특성으로 달콤한 오렌지와 강렬한 신맛을 내는 레몬이 많이 재배되는 곳으로 유럽 내 레몬 생산량 1위인 도시라고 한다. 1929년 한 호텔에서 레몬과 꽃을 전시한 행사가 반응이 좋아, 이후 행사의 규모가 점점 커지다가 1934년부터는 매년 2월 중순부터 3월 초까지 '레몬 축제'라는 타이틀로 본격적으로 시작했다고 한다. 이 기간은 바로 옆 니스에서 열리는 세계적인 축제인 '니스 카니발'과 겹쳐 도시 자체가 얻는 반사 이익뿐만 아니라, 여행자도 2곳의 축제를 함께 즐길 수 있는 즐거움이 되었다.

레몬 축제 말고 망통에서 빼놓을 수 없는 한 사람이 있다. 바로 시인이라는 타이틀만으로 소개하기에는 아까운 말 그대로 프랑스의 팔방미인 장 콕토 Jean Cocteau 다.

그는 1889년 7월 5일 파리 근교 메종라피드에 태어났으나 병약하여 요양을 겸해 어린 시절 망통에서 멀지 않는 작은 해안 마을인 빌프랑슈 쉬르 메르(132p.)에서 보내면서 망통의 매력을 느꼈다고 한다. 추후 이 해안 마을의 어부와 여인이 사랑에 빠지게 된다는 이야기를 담은 '연인'이라는 작품이 탄생하면서 본격적인 인연이 시작된다. 실제 시청 내 시민들을 위한 작은 웨딩룸인 '살데 마라주'는 장 콕토가 오르페우스의 전설에 영감을 얻어 벽면을 가득 채운 재미있는 벽화로 인해 100여 명의 하객도 들어가기 벅찬 작은 방이지만 끊임없이 많은 사람이 찾아오는 곳이 되었다. 그의 미술 작품은 피카소에게 영향을 많이 받고, 조언도 받아 가며 채색법을 터득했다고 해서 그런지 가끔 혼동될 정도로 비슷한 느낌이 있다. 피카소가 좀 더 직선적이고 장 콕토는 좀 더 곡선이 많다는 정도일까?

장 콕토 미술관

망통을 사랑하고 명예시민이기도 했던 그의 미술관이 없을 수 없지. 장 콕토에 매료된 벨기에 출신 세베린 운더만이 장 콕토의 작품을 포함하여 피카소, 모딜리아니 등 1,800여 점의 컬렉션을 2005년 망통 시에 기증하면서 2011년 지상 1층, 지하 1층으로 본관을 개관했다. 본관 외 해변 앞에 17세기 성벽의 일부를 활용한 전시관이 한곳 더 있음으로 잊지 말고 들려봐야 한다.

장 콕토 미술관 앞에 있는 시장과 전망 좋은 언덕 위에 자리한 아름다운 바로크 건물인 생 미셸 교회 Eglise St.Michel 산책으로 망통 여행을 마무리해 본다.

그의 가장 대중적인 작품인 칸 영화제의 로고이자 트로피를 상징하는 '종려 나무 잎'

FESTIVAL DE CANNES

* 지구를 위해 친환경재생지를 사용합니다.

소근소근
프로방스
이야기

초판 1쇄 2020년 9월 25일
초판 2쇄 2022년 5월 25일
지 은 이 김정희
펴 낸 곳 하모니북

출판등록 2018년 5월 2일 제 2018-0000-68호
이 메 일 harmony.book1@gmail.com
전화번호 02-2671-5663
팩   스 02-2671-5662

ISBN 979-11-89930-53-0 03920
© 김정희, 2020, Printed in Korea

값 16,500원

이 도서의 국립중앙도서관 출판예정도서목록(CIP)은 서지정보유통지원시스템 홈페이지(http://seoji.
nl.go.kr)와 국가자료공동목록시스템(http://www.nl.go.kr/kolisnet)에서 이용하실 수 있습니다.
CIP제어번호 : CIP2020035575

색깔 있는 책을 만드는 하모니북에서 늘 함께 할 작가님을 기다립니다.
출간 문의 harmony.book1@gmail.com